AF243635

PENSÉES

D'UN

HOMME DE BIEN

SUR

LES ACTES DE CERTAINS PERSONNAGES

DE LA

RÉVOLUTION DE 1848.

Vendu au profit des Pauvres. — Prix : 25 centimes.

ROUEN.

Chez les principaux libraires.

1851

PENSÉES

D'UN

HOMME DE BIEN.

PENSÉES

D'UN

HOMME DE BIEN

SUR

LES ACTES DE CERTAINS PERSONNAGES

DE LA

RÉVOLUTION DE 1848.

ROUEN.

Typ. de O. Moget-Féré, rue des Iroquois, 25, ancien hôtel de la Banque.

1851

PENSÉES

D'UN

HOMME DE BIEN

RECUEILLIES DE 1845

RODEZ

Imp. A. et E. Ratery. — rue des Bouquiers, 45. — ancien hôtel de la Banque.

1851

L'on peut assurer avec certitude que bon nombre de ceux qui, en 1848, ont poussé les premiers à acclamer la République, n'ont jamais cru qu'elle pût s'établir en France, surtout avec les principes sur lesquels ils prétendaient l'asseoir. Non, ils ne le croyaient pas, non, car ces hommes ne sont pas Français de cœur; ils ne sont à mes yeux que des Monk au petit-pied. Partisans de Henri V, après avoir longtemps médité le renversement de Louis-Philippe et y avoir coopéré, ils n'ont pas eu le courage de tenter la fortune en déployant leur drapeau; ils ont reculé devant le danger, et, pour masquer leur jeu, ils s'empressèrent de nous bâcler leurs trop fameux décrets démagogiques, renfermant à dessein tous les éléments de discorde qui devaient provoquer au désordre et engendrer la guerre civile ; nous en avons, grand Dieu, trop connu les douloureux résultats. Je ne comprends pas que, du sein de l'assemblée, il ne se soit pas élevé une voix assez courageuse et assez puissante pour les faire déclarer traîtres à la patrie. Espérons que l'Assemblée qui succèdera à celle-ci prendra des mesures pour rassurer l'esprit public en démasquant ces mauvais citoyens.

Il est indispensable que les faits et actes du gouvernement provisoire soient bien connus, car c'est de ce point de départ que la vérité se fera jour.

Qui de vous, lecteurs, n'a pas fait cette réflexion dès les premiers jours de l'établissement du gouvernement républicain : est-il possible que des hommes éclairés, mûris par l'expérience, aient pu, sans arrière pensée, ne pas reculer devant les monstrueux projets d'organisation de ce prétendu gouvernement régénérateur.

Pouvez-vous, mes chers concitoyens, dont le cœur ne bat que pour le bien, pouvez-vous aujourd'hui vous méprendre sur le but que se proposaient ces étranges républicains ? Rien, vous devez le reconnaître, n'a été épargné pour plonger la France dans l'abîme.

Le peuple, en Février, a renversé un pouvoir qui ne marchait plus avec l'opinion de la nation ; les honnêtes gens qui prirent part au mouvement voulaient et veulent encore voir la France prospère et glorieuse. Ceux, au contraire, qui profitèrent de la révolution pour s'emparer du pouvoir, n'eurent qu'un but, ce fut de diviser pour régner, cela ne fut point douteux et tous leurs actes décelèrent leur machiavélisme.

D'abord, pour nous tromper avec plus de facilité, ils prirent pour devise ces mots sacrés : Liberté, Egalité, Fraternité.

C'est sous leur patronage, et même par leurs ordres, que s'ouvrirent de toutes parts, sans aucune organisation ni contrôle, ces clubs dont le personnel et l'auditoire ne se composaient que d'hommes perdus de dettes et de mœurs, et qui, pour me servir des paroles du

grand Corneille, ne pouvaient subsister qu'à la condi-
tion de tout renverser.

Sous leur administration s'établirent ces ateliers na-
tionaux qui n'avaient, nous disait-on, d'autre but que
de venir en aide aux ouvriers laborieux que les circons-
tances mettaient dans l'impossibilité d'occuper leurs
bras. Ces hommes n'ont pas reculé devant l'idée atroce
de confondre l'honnête ouvrier avec le malfaiteur, de
forcer l'homme, fier de lui et de l'indépendance qu'il
avait toujours due à son travail, de faire inscrire son
nom à côté de celui d'un galérien. Non, il n'est point
d'expression assez forte pour flétrir une semblable
menée.

Il est constant aussi que c'est de ces ateliers que sor-
tirent ces bandes de brigands organisées à l'avance,
qui, aux journées de juin, ensanglantèrent la capitale;
il est constant que tout ce qui s'est fait alors était sou-
mis à un plan bien combiné; rien ne fut dû au hasard,
mais à un pouvoir puissant et occulte. Quel était ce pou-

voir? Les mêmes noms, hélas! se présentent toujours à ma pensée.

Qui veut la fin veut les moyens; qui veut le bien, propose et fait le bien; qui veut le mal n'emploie que les moyens qui peuvent y conduire.

Si l'on eût voulu établir quelque chose de durable, la nation à cette époque eût accepté un gouvernement républicain, mais avec des formes monarchiques; elle voulait un chef de son choix et non celui d'une coterie; elle en voulait un qu'elle pût investir d'un pouvoir assez long pour faire le bien : ses vœux n'ont été réalisés qu'à moitié; il ne peut rien sortir de convenable du pouvoir tel qu'il est constitué; il est temps de résoudre la question et de mettre un terme aux inquiétudes.

La France ne peut se maintenir en République démocratique; son étendue, sa population, ses mœurs, ses habitudes sont incompatibles avec cette forme de gouvernement, trop sujet, dit l'auteur du Contrat-Social, aux agitations et aux changements. Déjà nous l'avons éprouvé: purement démocratique à son origine, le pouvoir, après les journées de juin, dut se concentrer dans une seule main. Le danger nous força de reconnaître qu'il fallait une unité d'action pour sauver le pays. Pourquoi, après en avoir éprouvé les résultats salutaires, avoir changé d'avis ?

Vous m'opposerez, vous partisans de la démocratie, l'exemple du passé et les tentatives coupables des princes qui nous ont gouverné depuis la déchéance de Napoléon contre nos droits les plus chers, nos libertés; mais leurs fautes ne peuvent être imputées aux principes que je défends ; elles furent la conséquence de ceux qui leur mirent le pouvoir dans leurs mains : la nation ne fut point consultée ; deux souverains voulurent nous gouverner avec une charte octroyée ; un autre nous soumit à des lois que, presque seul, il avait élaborées; jamais le peuple ne fut consulté. Les fautes d'alors ne peuvent donc être imputées qu'à ceux qui nous ont gouvernés. Aujourd'hui nous possédons des représentants qui émanent de la volonté du pays ; mais, parlant au nom de la nation, c'est sa volonté qu'il doivent faire prévaloir.

Comme l'assemblée nationale, le chef du pouvoir exécutif est une émanation de la volonté de la France ; premier magistrat de la loi, il doit la faire éxécuter au nom du peuple qui lui a délégué ses pouvoirs, mais qui, en les lui conférant, n'a point entendu lui donner un mandat éphémère. Pour la consolidation de son bonheur, la France veut un chef électif ; mais elle veut que le premier mandat qui a été sa pierre de touche soit un titre à une nouvelle élection ; je dirai plus, je crois exprimer le vœu de la nation en disant qu'elle souhaite que ce mandat lui confère un pouvoir à vie. Parce qu'il nous a sauvé de l'anarchie, parce qu'il a donné au pays trois ans de prospérité, le nom de Louis Napoléon doit-il être frappé d'ostracisme ? Non, le peuple ne l'entend pas ainsi, et, une seconde fois, le fera sortir radieux de l'urne électorale. Ce nom, vous le savez, Représentants de la France, est le symbole de la gloire et de la nationalité. Avec lui, point de contre-révolution; en légitimant sa nouvelle élection, vous aurez religieusement rempli votre mandat.

Il n'est point permis de heurter impunément les sen-timents et même les préjugés d'un grand peuple ; le Français est aussi reconnaissant que généreux ; il garde et gardera longtemps mémoire de l'homme extraordi-naire qui le gouverna et qui, en se couvrant de gloire, sut placer la nation au rang le plus élevé. Cette gloire ne fut point acquise dans des guerres agressives, mais en défendant la France qui l'avait pris pour chef. Vaine-ment les nations coalisées et soudoyées par l'or de l'An-gleterre tentèrent de le renverser, il ne succomba pas, et la France ne dut son humiliation momentanée qu'à la trahison de lâches généraux envieux d'un héros qui les avait comblés de fortune et d'honneurs.

Eh bien ! en servant aveuglément les projets de la moderne Carthage pour renverser le colosse qui les do-minait, quel bien les souverains de l'Europe ont-ils ap-porté à leurs peuples ? Rien ; le bonheur de la France, qu'avait rêvé Napoléon, fut remis en question, et sur la terre de l'exil ce grand homme s'écria : Les lumières du siècle ne rétrograderont pas ; ma chute est un immense malheur : j'avais refermé l'outre des vents, les baïonnettes étrangères l'ont déchirée ; je pouvais marcher pacifiquement à la régénération universelle, elle ne s'exécutera désormais qu'à travers les tempêtes.

Oui, il marchait à la régénération en reconstituant les principes moraux que faisaient chaque jour disparaître nos tourmentes révolutionnaires ; il montra ce que peut un grand génie sur l'esprit des masses : elles le comprirent, elles ne le trahirent point ; elles en conservent encore souvenance, en dépit des factieux qui veulent diviser la France.

Ainsi, refuser en 1852 au pays de rendre le pouvoir au neveu du grand homme serait, j'ose le dire, la plus calamiteuse, la plus irréparable faute. Nous ne la commettrons pas : le nom de Napoléon sera encore une fois pour nous l'ancre de salut ; prenons donc confiance et rassurons-nous ; ne cherchons plus à reconstituer un passé impossible ; que tous les hommes d'ordre s'unissent sincèrement, et la France, notre belle France, sera sauvée.

Si je garde l'anonyme, ce n'est pas, soyez-en certain, que je craigne de me faire connaître ; n'étant point écrivain ni grand politique, je n'ai eu en vue que de faire acte de civisme ; puisse cette modeste brochure réaliser mon espérance.